LES LIEUX HANTÉS!

# LES CIMETIÈRES ET LES TEMPLES HANTÉS

Un livre de la collection
Les branches de Crabtree

THOMAS KINGSLEY TROUPE

Crabtree Publishing
crabtreebooks.com

# Soutien de l'école à la maison pour les parents, les gardiens et les enseignants

Ce livre très intéressant est conçu pour motiver les élèves en difficulté d'apprentissage grâce à des sujets captivants, tout en améliorant leur fluidité, leur vocabulaire et leur intérêt pour la lecture. Voici quelques questions et activités pour aider le lecteur ou la lectrice à développer ses capacités de compréhension.

## Avant la lecture

- *De quoi ce livre parle-t-il?*
- *Qu'est-ce que je sais sur ce sujet?*
- *Qu'est-ce que je veux apprendre sur ce sujet?*
- *Pourquoi je lis ce livre?*

## Pendant la lecture

- *Je me demande pourquoi...*
- *Je suis curieux de savoir...*
- *En quoi est-ce semblable à quelque chose que je sais déjà?*
- *Qu'est-ce que j'ai appris jusqu'à présent?*

## Après la lecture

- *Qu'est-ce que l'auteur veut m'apprendre?*
- *Nomme quelques détails.*
- *Comment les photographies et les légendes m'aident-elles à mieux comprendre?*
- *Lis le livre à nouveau et cherche les mots de vocabulaire.*
- *Ai-je d'autres questions?*

## Activités complémentaires

- *Quelle est ta section préférée de ce livre? Rédige un paragraphe à ce sujet.*
- *Fais un dessin représentant l'information que tu as préférée dans ce livre.*

# TABLE DES MATIÈRES

# SAINT, MAIS HANTÉ!

Des pierres tombales de travers luisent au clair de lune. Le vent souffle dans les hautes herbes comme un murmure. L'ombre irrégulière du temple abandonné se profile sur le cimetière. Tu as l'impression que quelqu'un t'observe. Tu ne devrais pas être là. Quand tu te retournes, un frisson glacial monte le long de ton dos. Une silhouette informe se tient près du portail du cimetière. Il est impossible de fuir!

Il y a des lieux hantés partout dans le monde. Certains croient que les esprits s'accrochent au monde réel pour l'**éternité**. Les cimetières et les temples célèbrent les morts, ce sont donc les endroits les plus susceptibles d'être hantés.

Attrape ta lampe de poche et prends une grande inspiration. Tu es sur le point de découvrir pourquoi ces cimetières et ces lieux de culte figurent parmi...
LES LIEUX HANTÉS.

## FAIT EFFRAYANT

Il y a plus de 144 000 cimetières aux États-Unis.

# LE HOLLYWOOD FOREVER CEMETERY

Tout comme les gens ordinaires, les célébrités meurent. Le Hollywood Forever Cemetery en Californie est la dernière demeure de nombreuses vedettes.

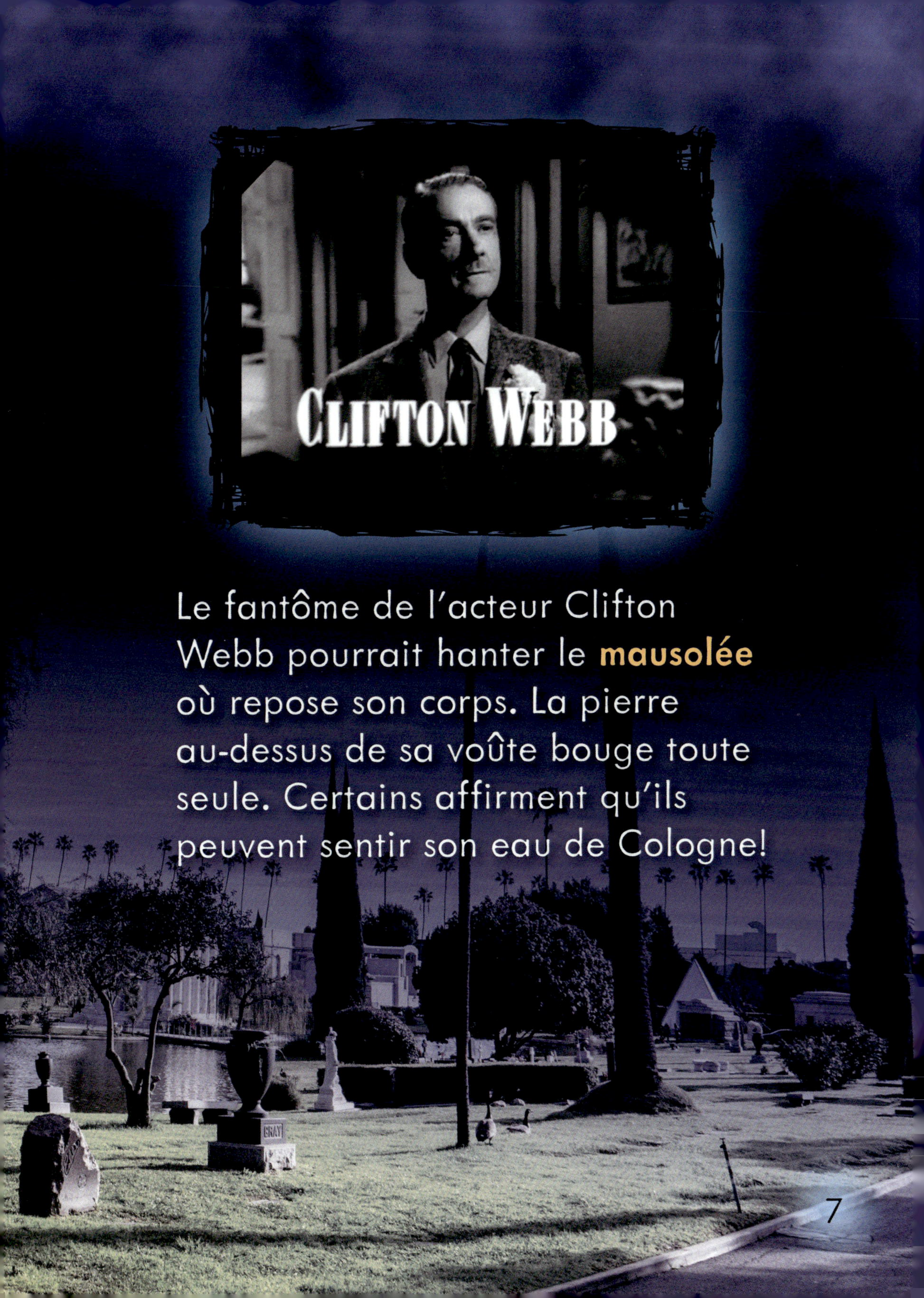


Le fantôme de l'acteur Clifton Webb pourrait hanter le **mausolée** où repose son corps. La pierre au-dessus de sa voûte bouge toute seule. Certains affirment qu'ils peuvent sentir son eau de Cologne!

# LES CATACOMBES DE PARIS

Au 18$^{e}$ siècle, dans la ville de Paris en France, il y avait plus de cadavres que de place pour les inhumer. Les fossoyeurs enterraient les corps les uns par-dessus les autres. Avec des cadavres nauséabonds en décomposition partout, la ville a dû trouver une solution.

Elle a ouvert les anciennes mines de calcaire situées sous la ville pour y placer les corps. Les tunnels sont devenus un cimetière souterrain, ou catacombe.

## FAIT EFFRAYANT

Il a fallu 12 ans pour déplacer tous les corps des cimetières surpeuplés vers les Catacombes de Paris.

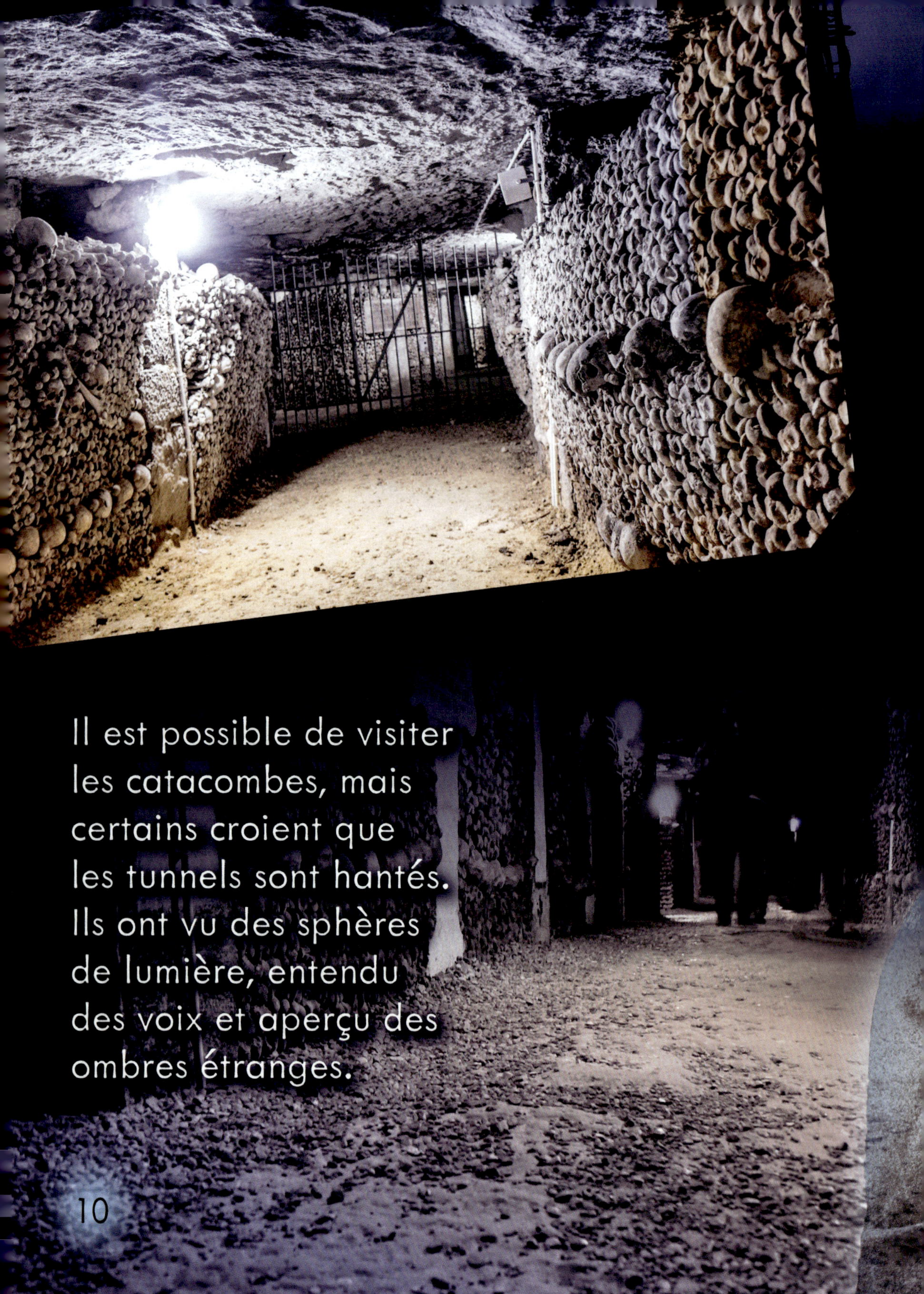

Il est possible de visiter les catacombes, mais certains croient que les tunnels sont hantés. Ils ont vu des sphères de lumière, entendu des voix et aperçu des ombres étranges.

Au cours de la Révolution française (1789–1799), Philibert Aspairt s'est retrouvé dans les tunnels. Il s'est perdu et son corps a été découvert 11 ans plus tard. Son fantôme hante souvent l'endroit où il est mort.

Les ossements de plus de 6 millions de Parisiens reposent dans les Catacombes de Paris.

# LE CIMETIÈRE SANT-LOUIS Nº 1

On fait les choses différemment à la Nouvelle-Orléans en Louisiane. Dans leur cimetière Saint-Louis n° 1, les morts sont inhumés dans des voûtes sur le sol.

Il est considéré comme le cimetière le plus hanté aux États-Unis. Le fantôme de la reine **vaudou** Marie Laveau marche souvent entre les tombes. Certains visiteurs déclarent avoir été égratignés, pincés et poussés au sol.

La reine Marie Laveau

## FAIT EFFRAYANT

Il y a plus de 700 tombes et plus de 100 000 corps dans le cimetière Sait-Louis n° 1.

# LE CIMETIÈRE DE ROOKWOOD EN AUSTRALIE

En Australie, à l'autre bout du monde, il y a une **nécropole** appelée le cimetière de Rookwood. Ce lieu énorme est la dernière demeure de plus d'un million d'âmes.

Deux **spiritistes**, connus sous le nom des frères Davenport, y sont inhumés. Plusieurs croient que les fantômes sont attirés vers le cimetière en raison des frères Davenport.

Les frères Davenport

# LE TEMPLE MAÇONNIQUE DE DETROIT

Les fantômes ne hantent pas toujours l'endroit où leur corps est inhumé. À Detroit au Michigan, on croit qu'un temple maçonnique est hanté.

L'**architecte** George D. Mason a dessiné l'énorme temple et y est mort plusieurs années plus tard. Des visiteurs ont aperçu son fantôme montant les escaliers. D'autres ont vu des portes se fermer toutes seules.

## FAIT EFFRAYANT

Le temple maçonnique contient des salles et des passages secrets. On y trouve même une piscine inachevée au 6e étage.

# La cathédrale St. Andrews on the Red au Canada

À Winnipeg au Manitoba (Canada) se trouve la cathédrale St. Andrews on the Red, une vieille église avec son cimetière. De nombreuses personnes mortes à la suite de maladies y sont inhumées.

Certains prétendent que la cathédrale St. Andrews est hantée par une femme vêtue de blanc et un homme vêtu de noir. D'autres ont vu un véhicule fantôme avec des yeux rouges brillants.

# LA CATHÉDRALE SAN FERNANDO À SAN ANTONIO AU TEXAS

La cathédrale San Fernando à San Antonio au Texas est la plus vieille église de l'État. Pendant sa construction, les colons espagnols affrontaient les Apaches de la région.

En 1749, un cadeau de réconciliation a été offert. Les Apaches ont creusé un grand trou devant la cathédrale. Ils y ont enfoui des flèches, des **haches de guerre** et un cheval blanc qui était toujours en vie.

## FAIT EFFRAYANT

L'expression « enterrer la hache de guerre » provient de l'enfouissement d'armes autochtones. Cela était considéré comme un geste de paix.

La cathédrale San Fernando à San Antonio a été construite de 1728 à 1749, puis achevée en 1750.

Maintenant considérée comme un lieu historique, la cathédrale est un sanctuaire hanté. Des lumières étranges et des ombres mystérieuses y ont été aperçues.

Un cheval blanc fantomatique galope parfois sur le site. Plusieurs croient qu'il s'agit de l'esprit du cheval qui a été enterré vivant devant la cathédrale.

# LA CATHÉDRALE DE L'ASSOMPTION DE NOTRE-DAME DE GUADALAJARA AU MEXIQUE

Les plus anciens lieux de culte sont-ils les plus hantés? Il semble que ce soit le cas pour la cathédrale de l'Assomption de Notre-Dame. Située à Guadalajara au Mexique, elle a été construite en sections de 1535 à 1813.

Sous le grand **autel** de la cathédrale se trouve la crypte des archevêques. On y conserve les ossements et les corps momifiés d'**évêques** et de **cardinaux**.

## FAIT EFFRAYANT

Les paroissiens plaçaient leurs mains sur le cercueil des évêques morts et demandaient des faveurs. S'ils collaient leur oreille sur le cercueil et entendaient une réponse, leur souhait serait accordé.

Certains des corps reposant dans la crypte de la cathédrale ne semblent pas prêts à quitter le monde des vivants. L'un des corps est celui d'une enfant tuée pour ses croyances religieuses dans les années 1700. Les gens prétendent avoir vu les yeux de la fillette cligner et ses cheveux bouger.

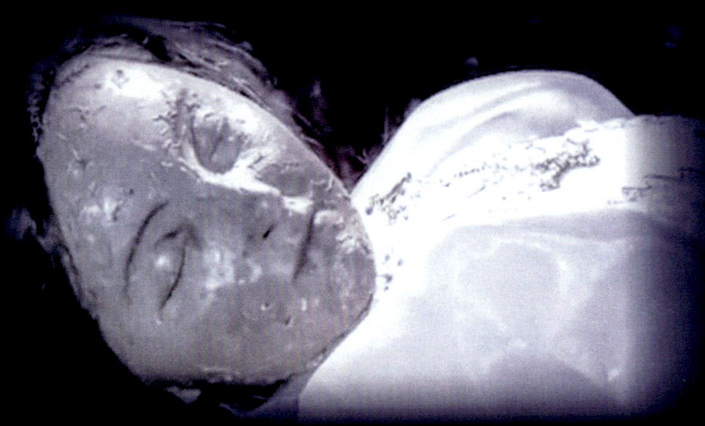

## FAIT EFFRAYANT

Nous appelons les corps momifiés des momies. Les momies sont des corps qui ont été préservés de manière naturelle ou par des peuples anciens qui possédaient des techniques de momification.

# CONCLUSION

Il est difficile de savoir si des fantômes hantent réellement les cimetières et les temples. Ce qu'une personne voit, une autre peut l'expliquer.

C'est à toi de te faire ta propre idée. Si tu entends ou vois quelque chose d'effrayant, décris le phénomène par écrit ou prend une image. La preuve que tu découvriras pourrait nous aider à comprendre... LES LIEUX HANTÉS.

# GLOSSAIRE

**architecte** (ar-chi-tekt) : Une personne qui dessine des bâtiments

**autel** (o-tel) : Une plateforme ou une table où l'on célèbre un culte

**cardinaux** (kar-di-no) : Hauts représentants de l'Église catholique romaine

**éternité** (é-ter-ni-té) : Une période qui semble sans fin

**évêques** (é-vêk) : Dirigeants religieux pour les églises chrétiennes

**haches de guerre** (ach de guèr) : Petites haches au manche court

**mausolée** (mo-zo-lé) : Un bâtiment de pierre où les corps des morts sont conservés dans des voûtes

**nécropole** (né-kro-pol) : Un vaste cimetière contenant des tombeaux; d'origine grecque, ce mot signifie « ville des morts »

**spiritistes** (spi-ri-tist) : Des gens qui croient que l'esprit des morts peut communiquer avec les vivants

**vaudou** (vo-dou) : Une religion pratiquée dans les Caraïbes et dans le sud-est des États-Unis

# INDEX



# SITES WEB À CONSULTER

https://kids.kiddle.co/Ghost

www.hauntedrooms.co.uk/
ghost-stories-kids-scary-childrens

# À PROPOS DE L'AUTEUR

## Thomas Kingsley Troupe

Thomas Kingsley Troupe est l'auteur d'une foule de livres pour enfants. Il a écrit au sujet des fantômes, du Sasquatch, des loups-garous et même un livre sur la saleté. Quand il ne s'affaire pas à écrire ou à lire, il enquête sur des phénomènes paranormaux avec la Twin Cities Paranormal Society. Il habite à Woodbury au Minnesota avec ses deux fils.

Les images et les photos présentant des « fantômes » dans ce livre sont des représentations artistiques. L'éditeur ne prétend pas qu'il s'agit d'images et de photos réelles des fantômes mentionnés dans ce livre.

---


## Crabtree Publishing

crabtreebooks.com 800-387-7650



Au Canada : Nous reconnaissons l'appui financier du gouvernement du Canada par l'entremise du Fonds du livre du Canada pour nos activités de publication.

Paperback 978-1-0396-0369-1
Ebook (pdf) 978-1-0396-0375-2
Epub 978-1-0396-0381-3
Read-along 978-1-0398-0495-1
Audio book 978-1-0396-6774-7

**Catalogage avant publication de Bibliothèque et Archives Canada**

Titre: Les cimetières et les temples hantés / Thomas Kingsley Troupe.
Autres titres: Haunted graveyards and temples. Français.
Noms: Troupe, Thomas Kingsley, auteur.
Description: Mention de collection: Les lieux hantés! | Les branches de Crabtree | Traduction de : Haunted graveyards and temples. | Traduction : Annie Evearts. | Comprend un index.
Identifiants: Canadiana (livre imprimé) 20210355697 | Canadiana (livre numérique) 20210355727 | ISBN 9781039603691 (couverture souple) | ISBN 9781039603752 (HTML) | ISBN 9781039603813 (EPUB)
Vedettes-matière: RVM: Cimetières hantés—Ouvrages pour la jeunesse. | RVM: Lieux hantés—Ouvrages pour la jeunesse. | RVM: Temples—Ouvrages pour la jeunesse. | RVM: Fantômes—Ouvrages pour la jeunesse. | RVMGF: Documents pour la jeunesse.
Classification: LCC BF1474.3 .T7614 2022 | CDD j133.1/22—dc23

**Publié au Canada**
**Crabtree Publishing**
616 Welland Ave.
St. Catharines, Ontario
L2M 5V6

**Publié aux États-Unis**
**Crabtree Publishing**
347 Fifth Avenue
Suite 1402-145
New York, NY, 10016

Production : Blue Door Education pour Crabtree Publishing
Auteur : Thomas Kingsley Troupe
Conception : Jennifer Dydyk
Révision : Kelli Hicks
Correctrice : Crystal Sikkens
Traduction : Annie Evearts

Photos de la couverture : crâne sur la couverture et dans le livre ©Fer Gregory, cimetière © Fer Gregory, fillette © kittirat roekburi, p. 4-5 (cimetière) © Fahroni, (vieux temple) © SHELIAKIN MAKSIM, p. 5 (bordure effrayante) © Dmi-try Natashin, p. 6-7 (cimetière) © Alizada Studios, p. 8 © Netfalls Remy Musser, p. 9 (photo en arrière-plan) © Ilias Kouroudis, (bordure de photo et dans le livre) © Dmitry Natashin, (photo du haut) © Mikhail Gnatkovskiy, (photo montrant des gravures) © Spirit Stock, p. 10 (photo en arrière-plan) © Spirit Stock, (photo du haut) © Stas Guk, p. 11 (fantôme) © Tereshchenko Dmitry, p. 12 (photo en arrière-plan) © Pg Light Studios, (photo en médaillon) © Pg Light Studios, p. 13 (ange) © Scott A . Burns, p. 14 © Ms S. Ann, p. 15 (photo du bas) © ArliftAtoz2205, p. 16 © Fsendek, p. 17 (les deux photos) © Belikova Oksana, p. 19 © Raggedstone, p. 20 © f11photo, p. 21 (hache) © Barandash Karandashich, p. 22 (cheval) © mariait, p. 23 © CrackerClips Stock Media, p. 24 © Nara_money, p. 26 (bas) Référence éditoriale : Ecuadorpostales / Shutterstock.com, p. 27 © Adwo, p. 28 © Carlos Amarillo, p. 29 © Raggedstone. Toutes les images proviennent de Shutterstock.com sauf p. 7 Clifton Webb, image publique, p. 11 Philibert Aspairt (pierre tombale) © Rémi Villalongue (Wikimedia https://creativecommons.org/ licenses/by-sa/3.0/deed.en), p. 13 (Marie Laveau) image publique de Smerdis of Tlön, p. 15 (frères Davenport) courtoisie de la Library of Congress, p. 18 © Dig deeper Wikipedia https:// creativecommons.org/ licenses/by-sa/4.0/deed.en, p. 25 (haut) © Kobby Dagan | Dreamstime.com, p. 26 (haut) © Enciclopedia1993 https:// creativecommons.org/licenses/by-sa/4.0/deed.en

Imprimé au Canada/112023/CP20231027